AVA'S BIRTHDAY COLORING BOOK

Chiquita publishing

HAPPY BIRTHDAY
AVA

HAPPY BIRTHDAY
AVA

To:
AVA

Happy Birthday
AVA

HAPPY BIRTHDAY AVA
HAPPY BIRTHDAY AVA
HAPPY BIRTHDAY AVA

HAPPY
BIRTHDAY
AVA

HAPPY
BIRTHDAY
AVA

To:
AVA

Happy Birthday
AVA

HAPPY
BIRTHDAY
AVA

HAPPY
BIRTHDAY
AVA

HAPPY
BIRTHDAY
AVA

HAPPY
BIRTHDAY
AVA

HAPPY
BIRTHDAY
AVA

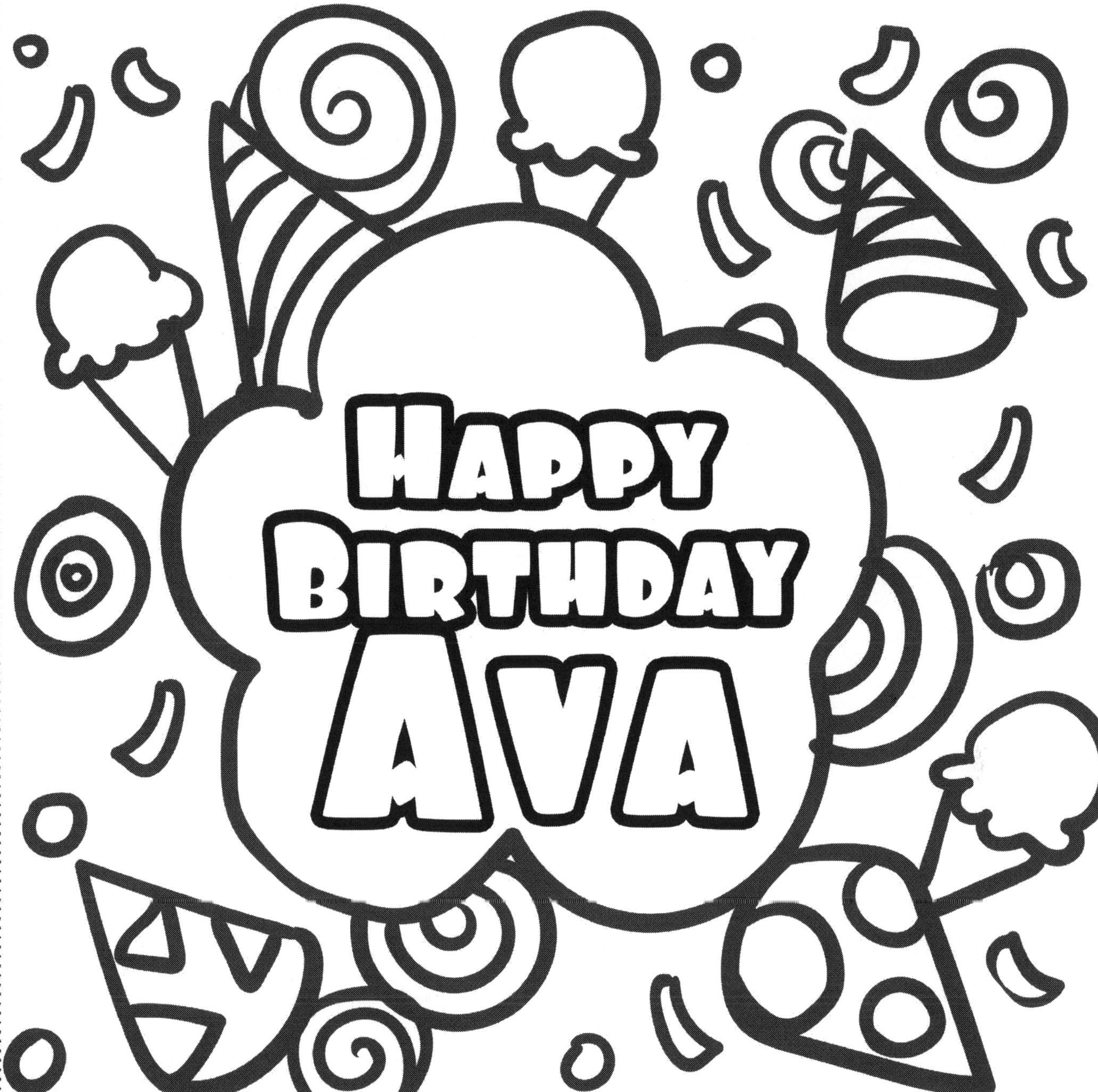

HAPPY
BIRTHDAY
AVA

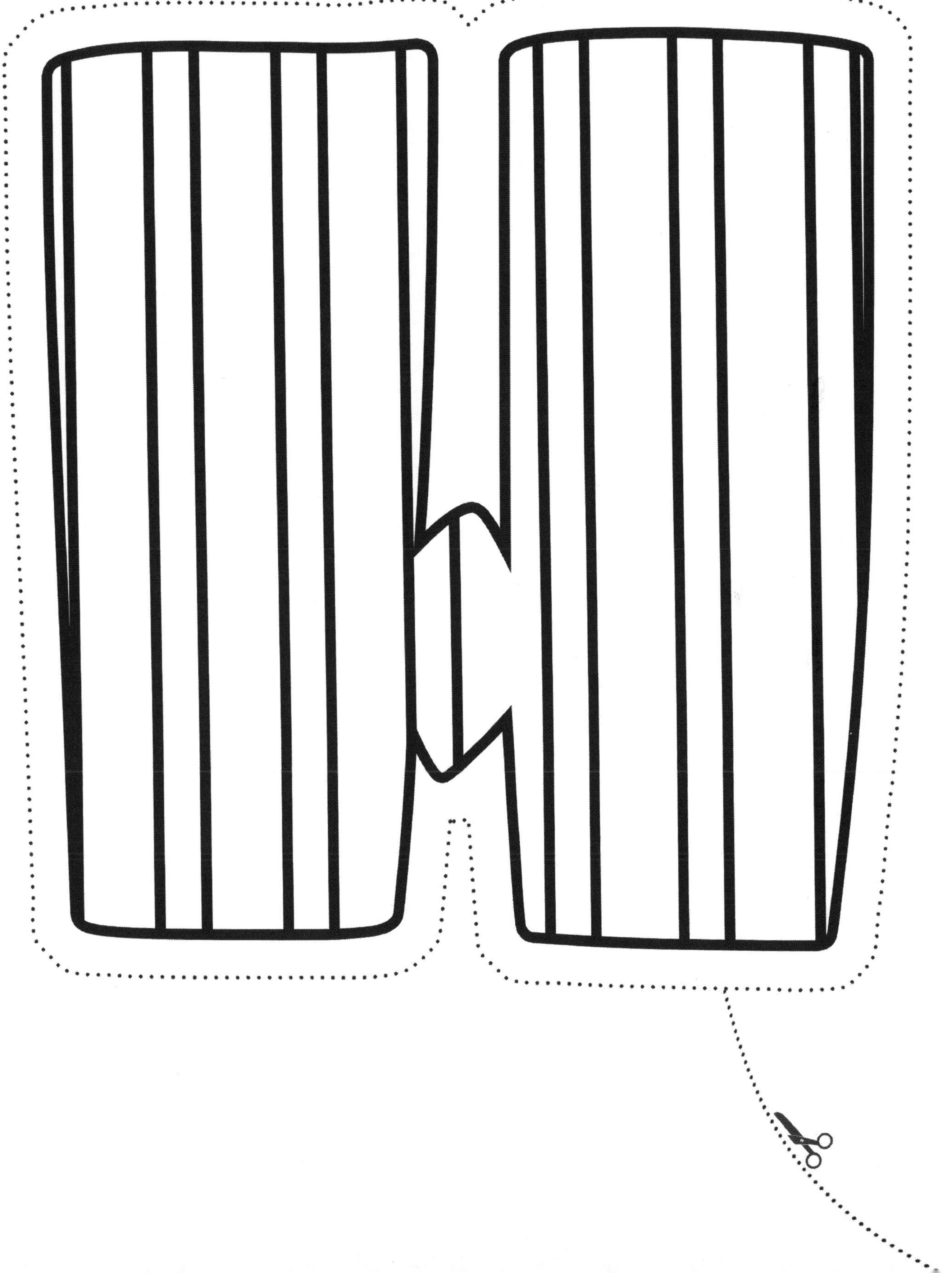

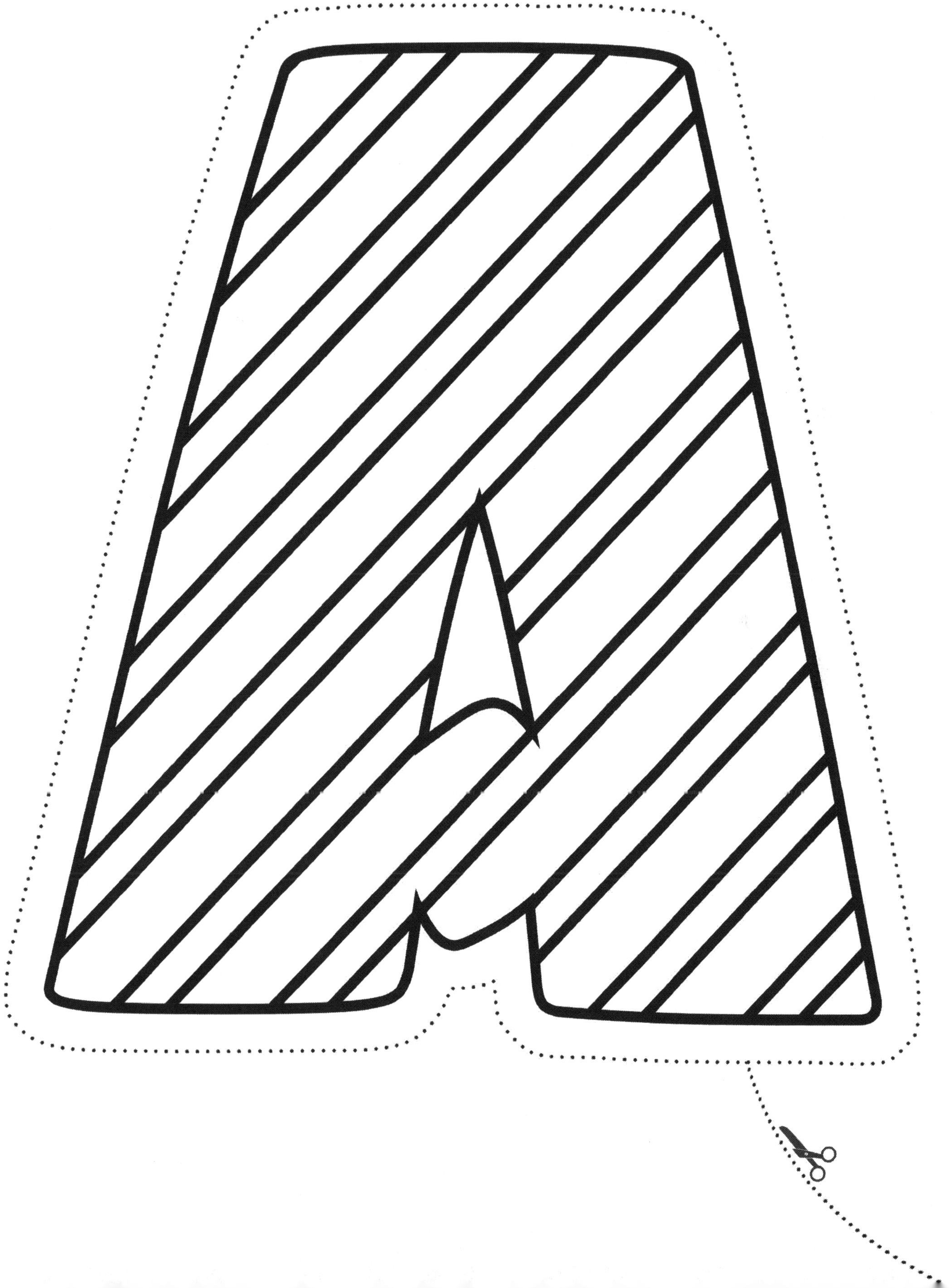

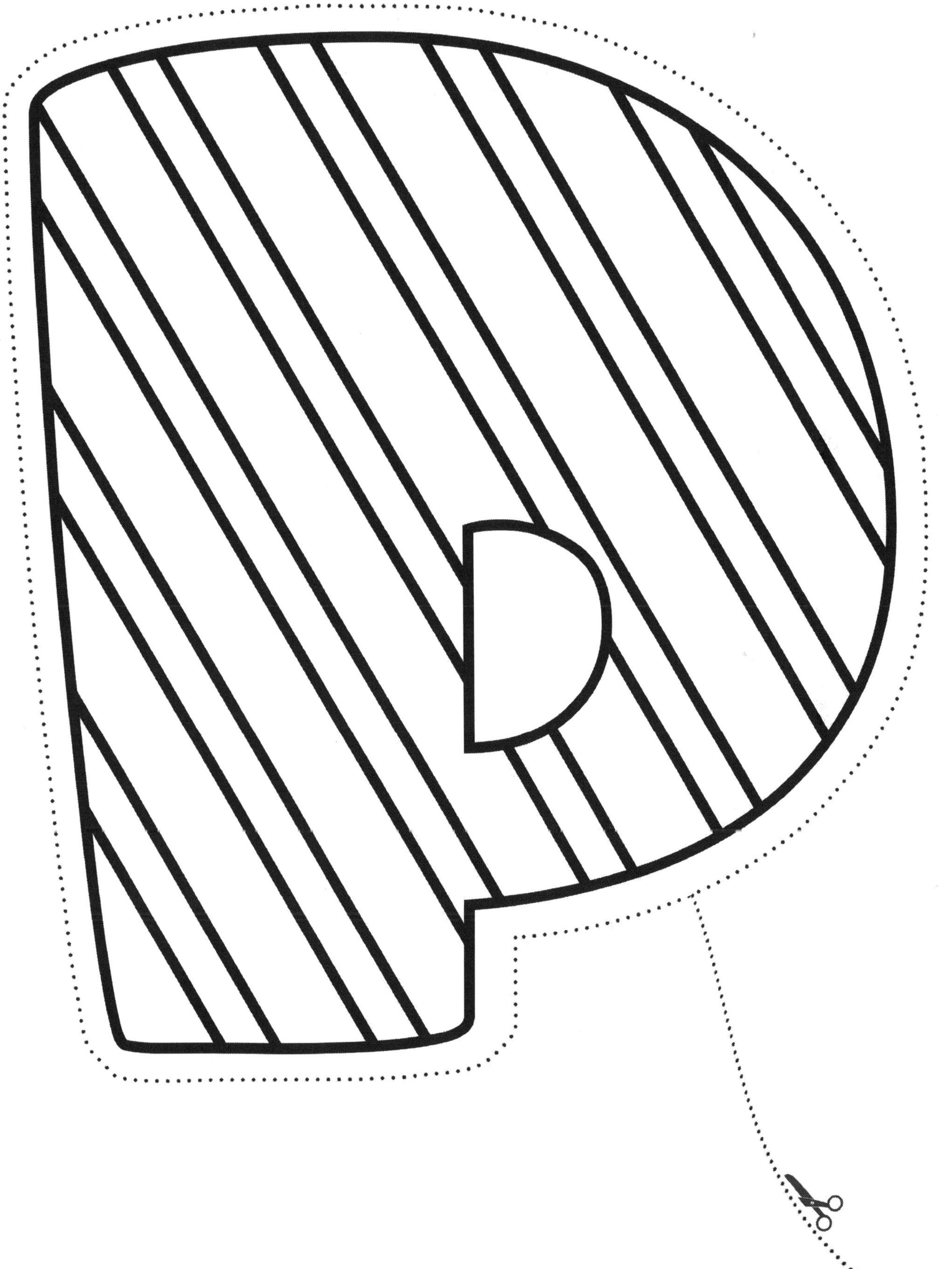

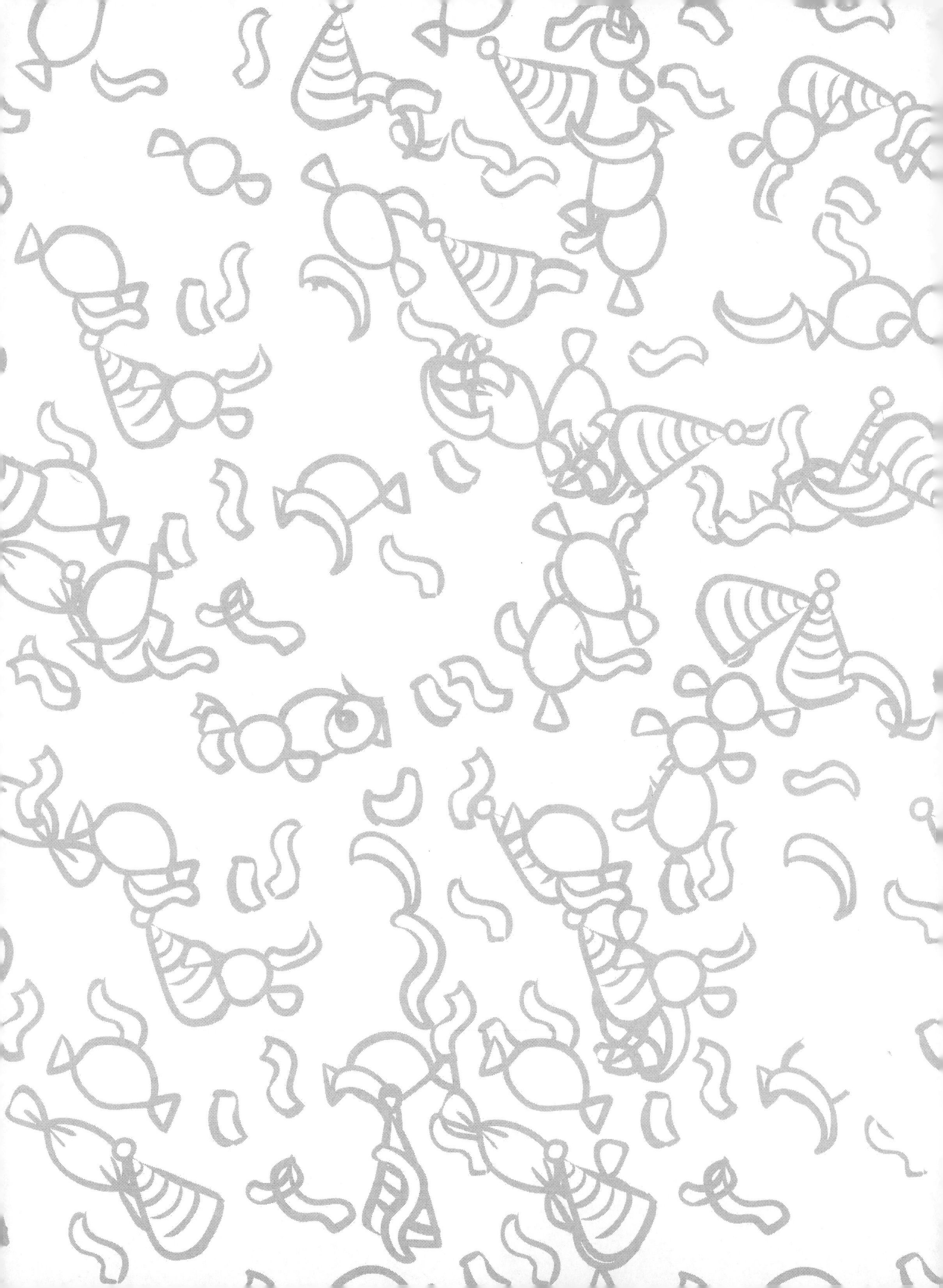

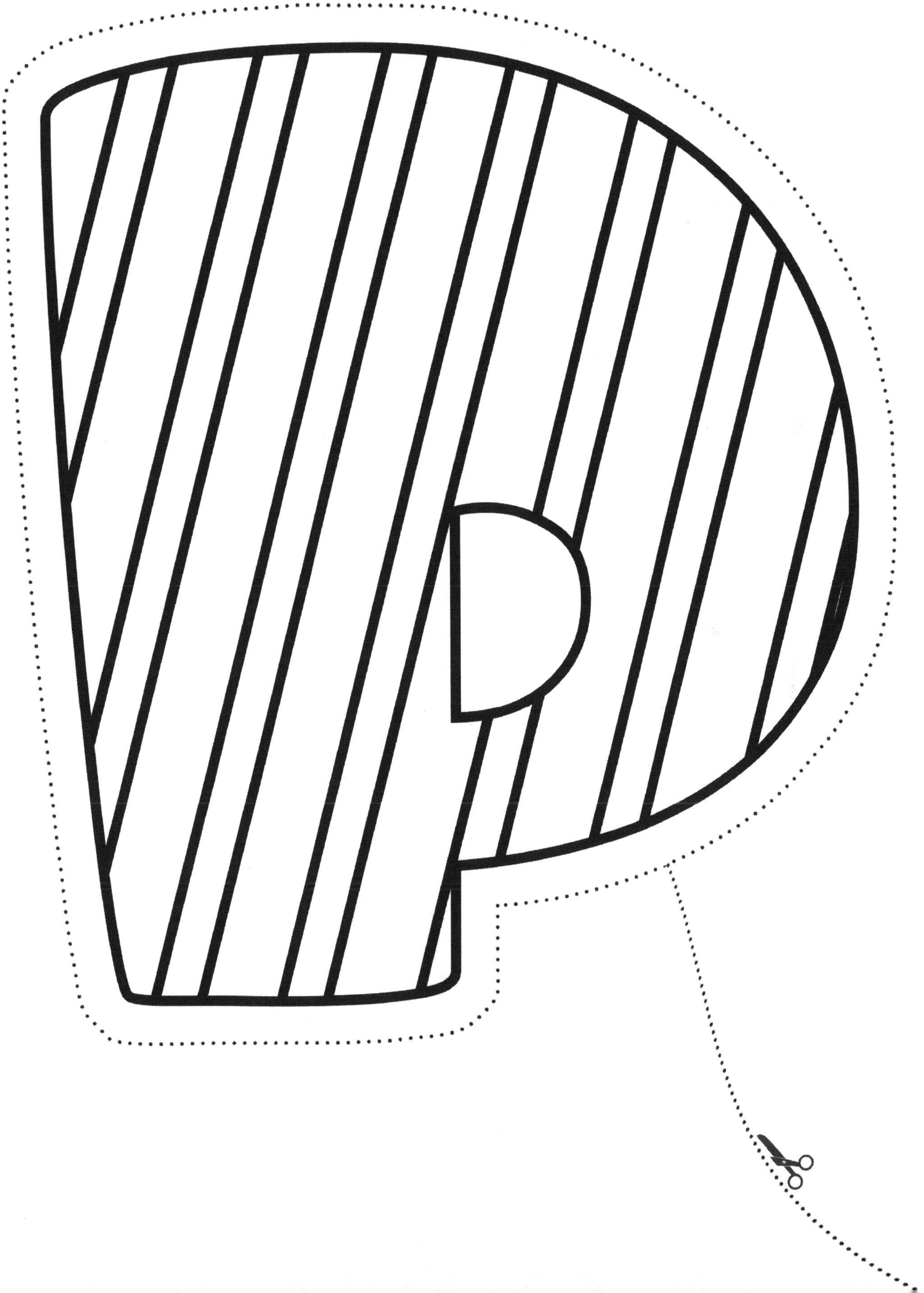

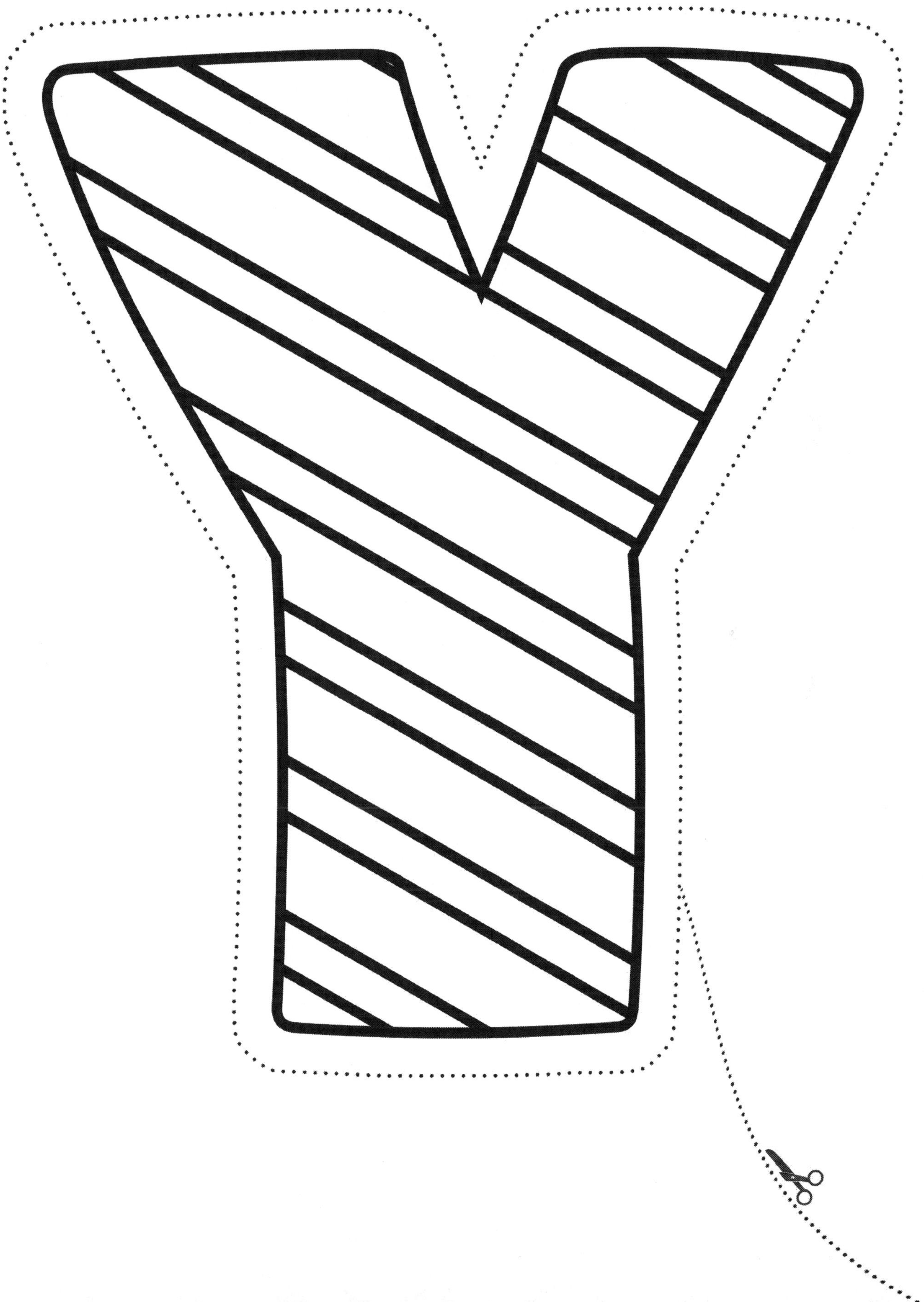
Y

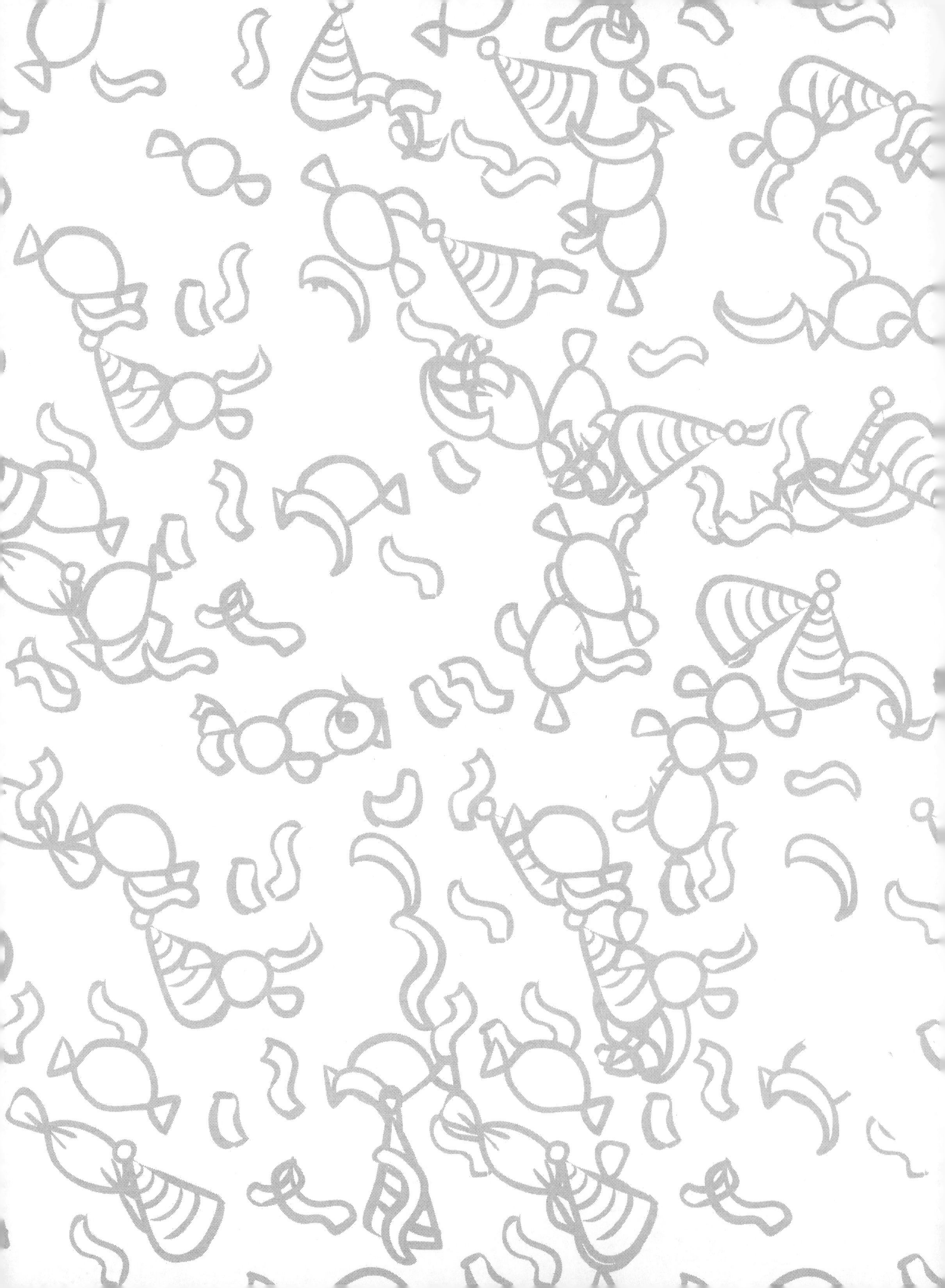

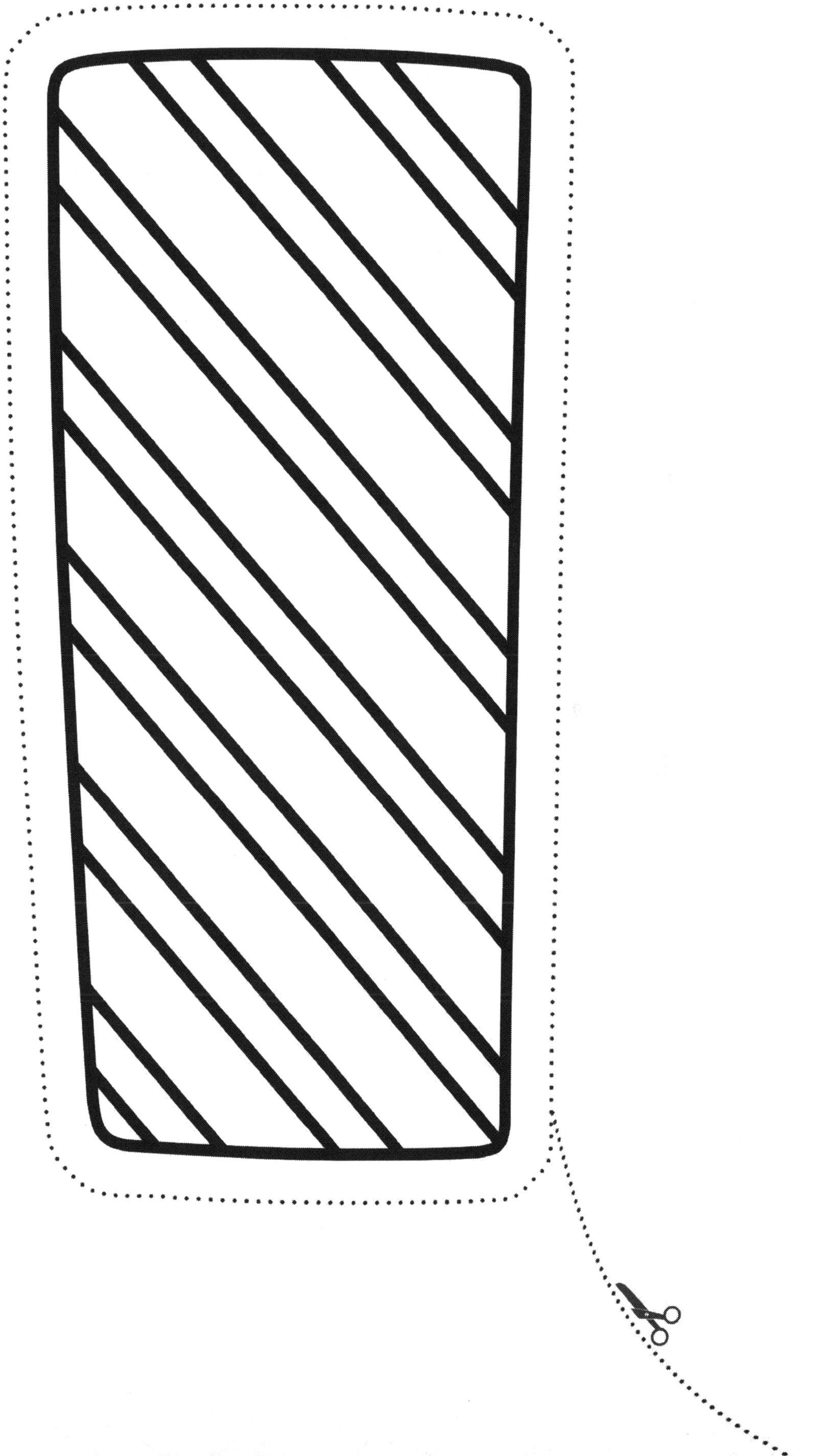

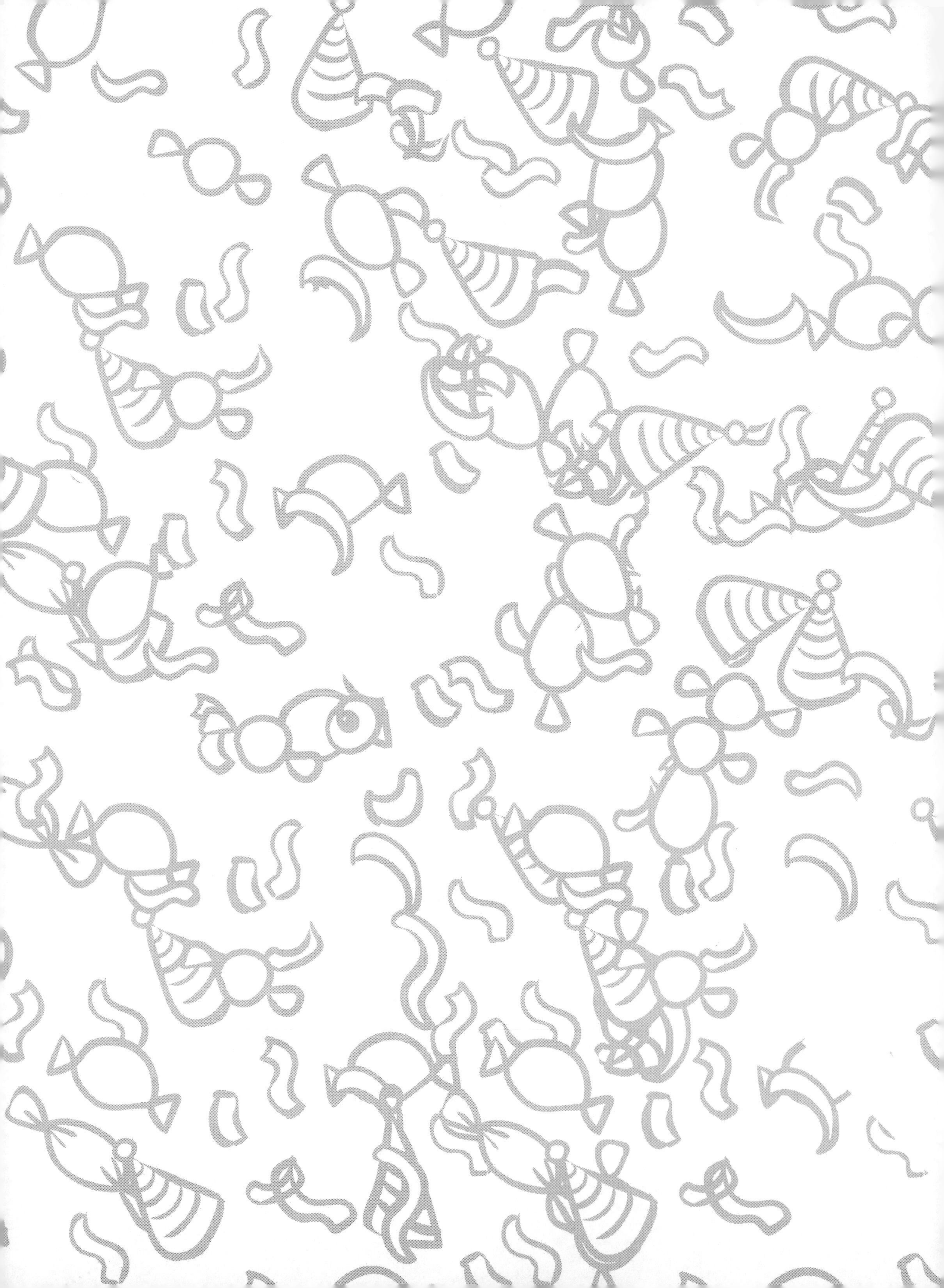

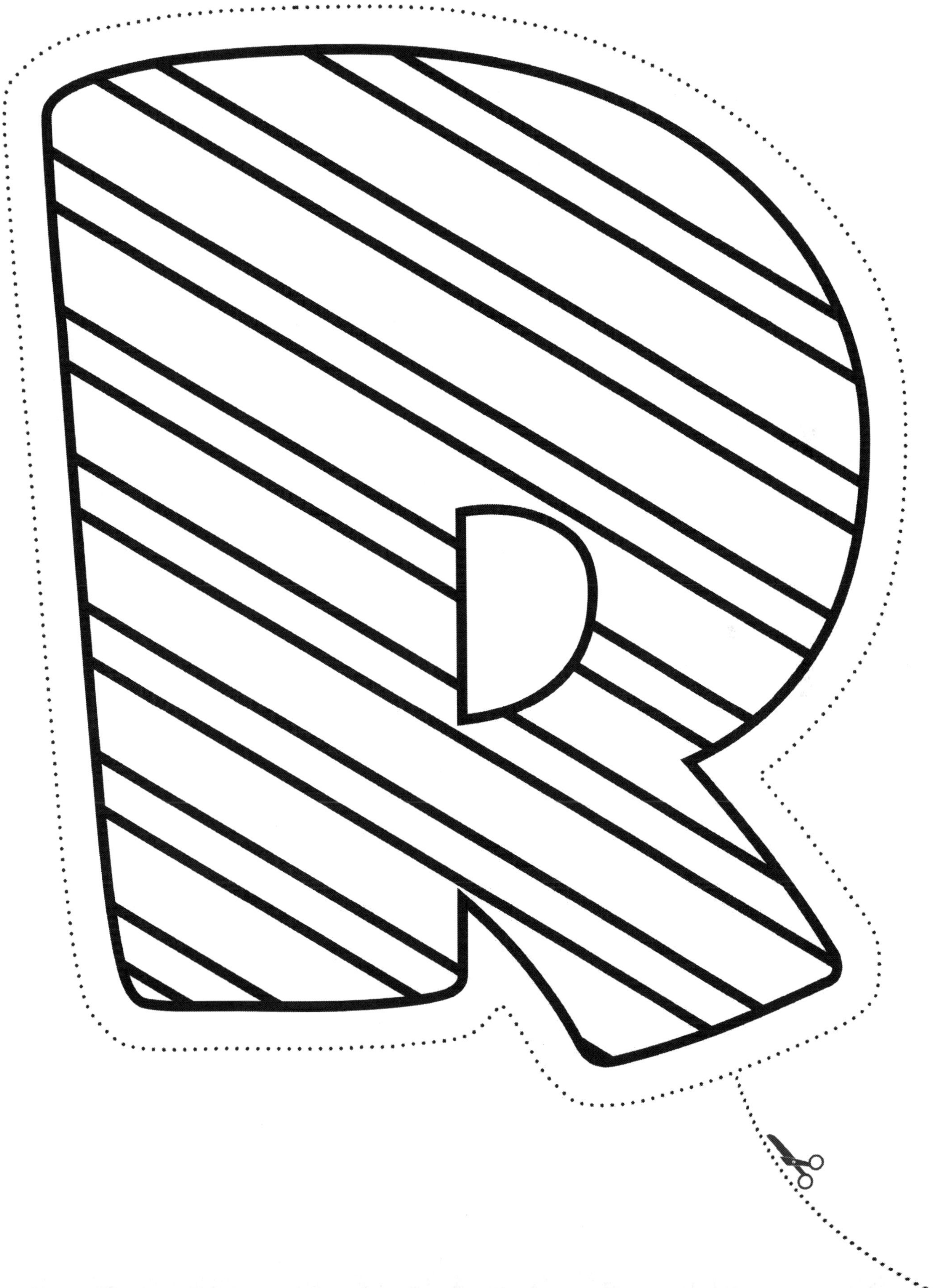

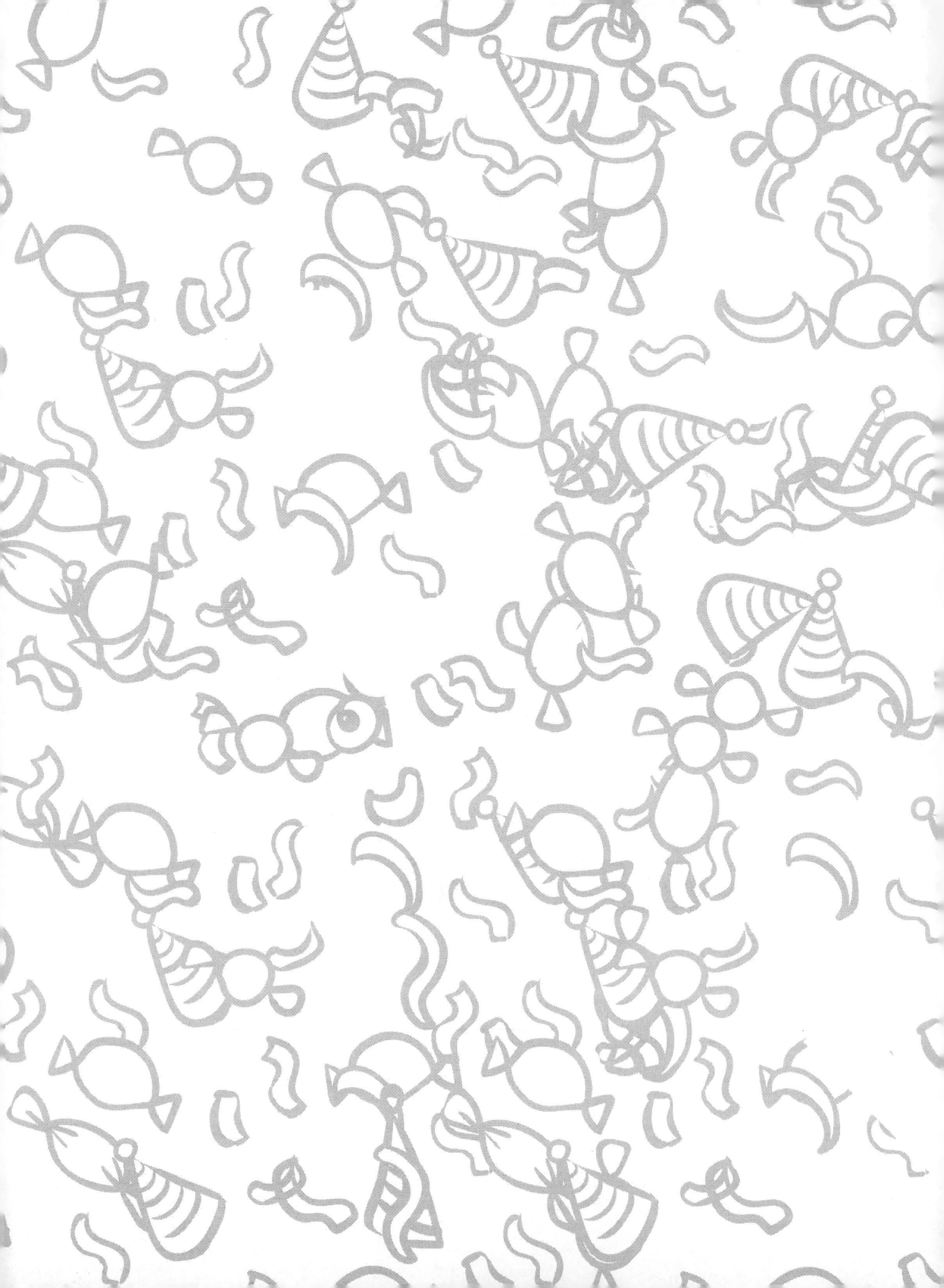

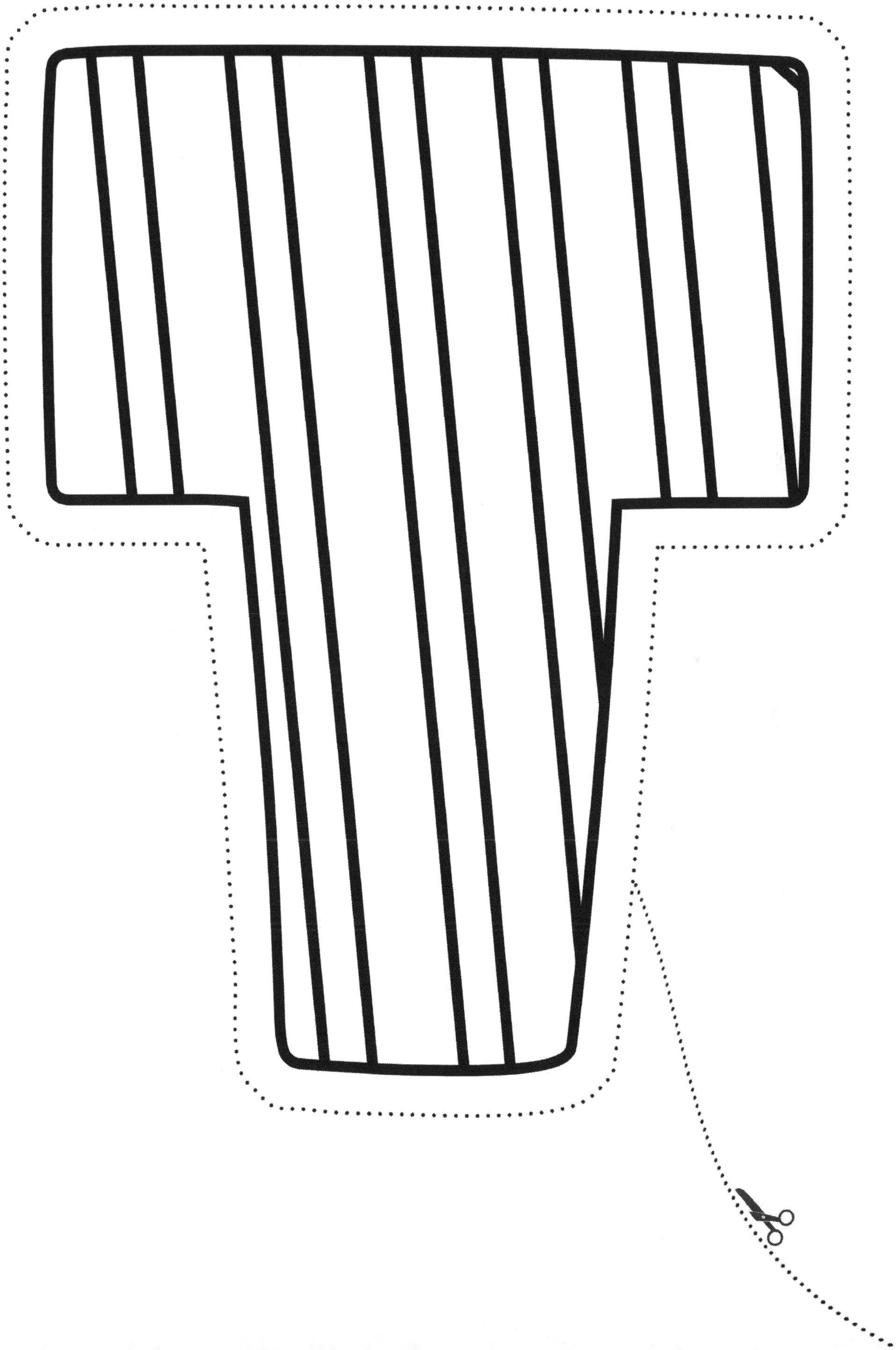

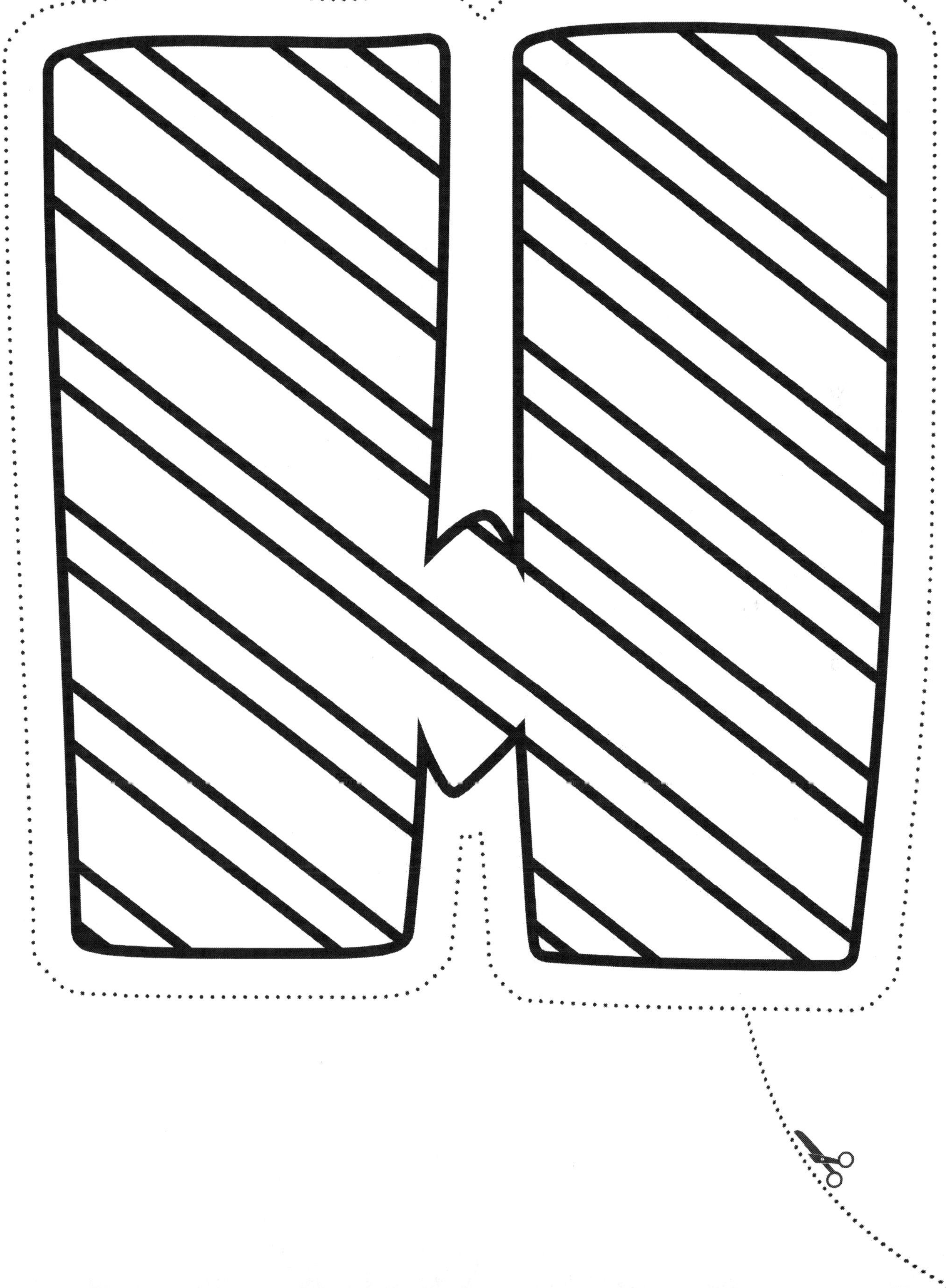

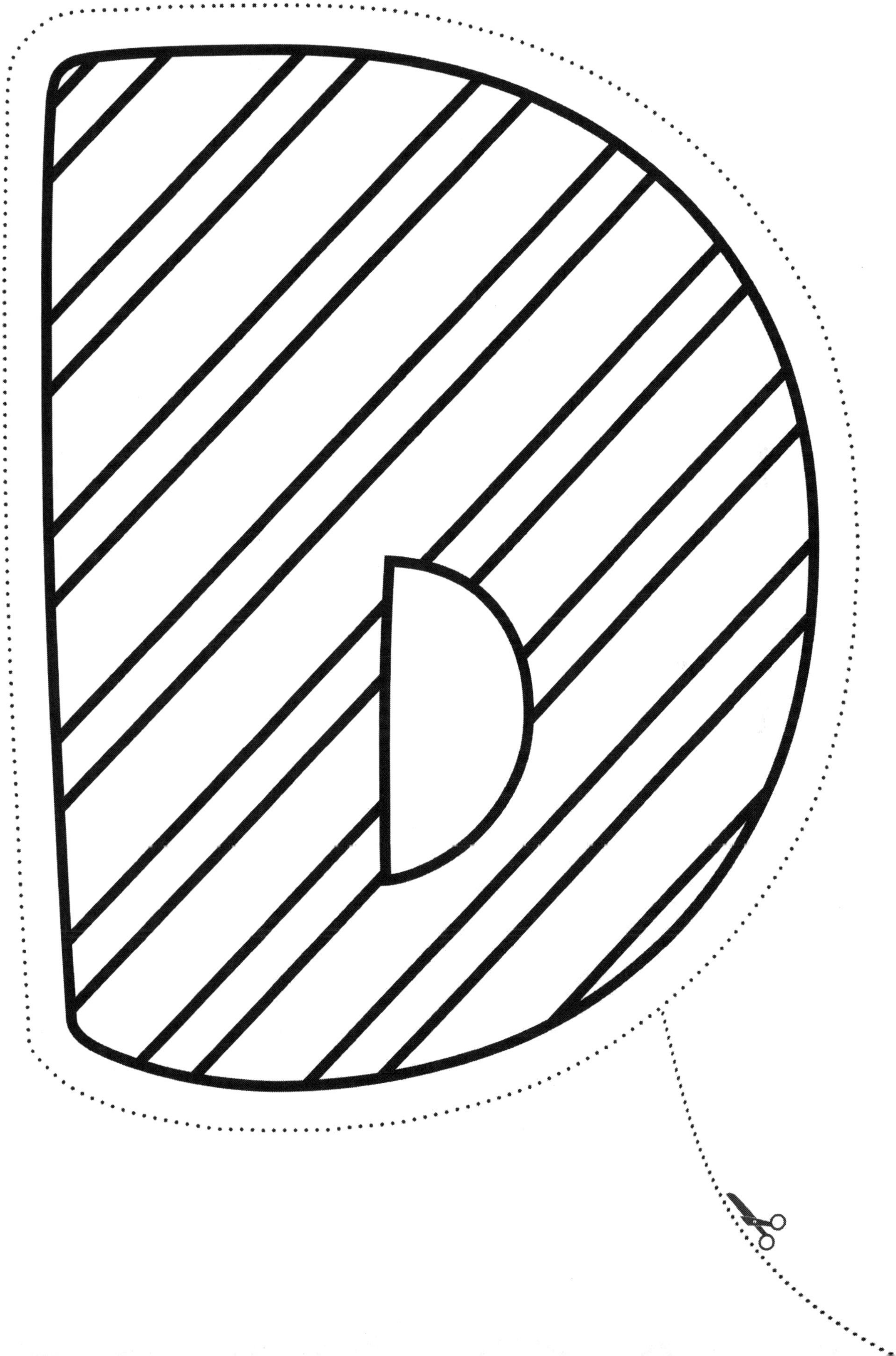

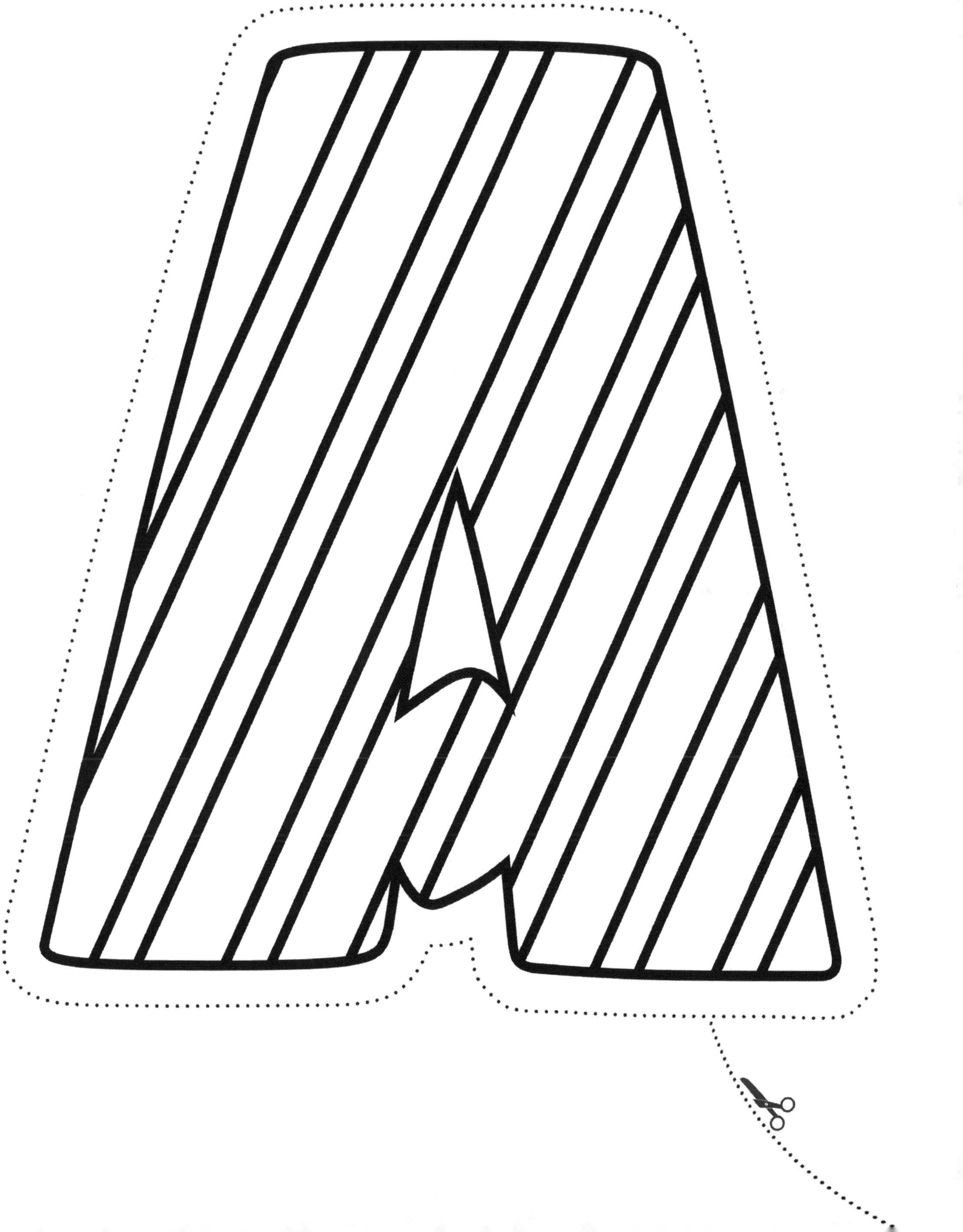

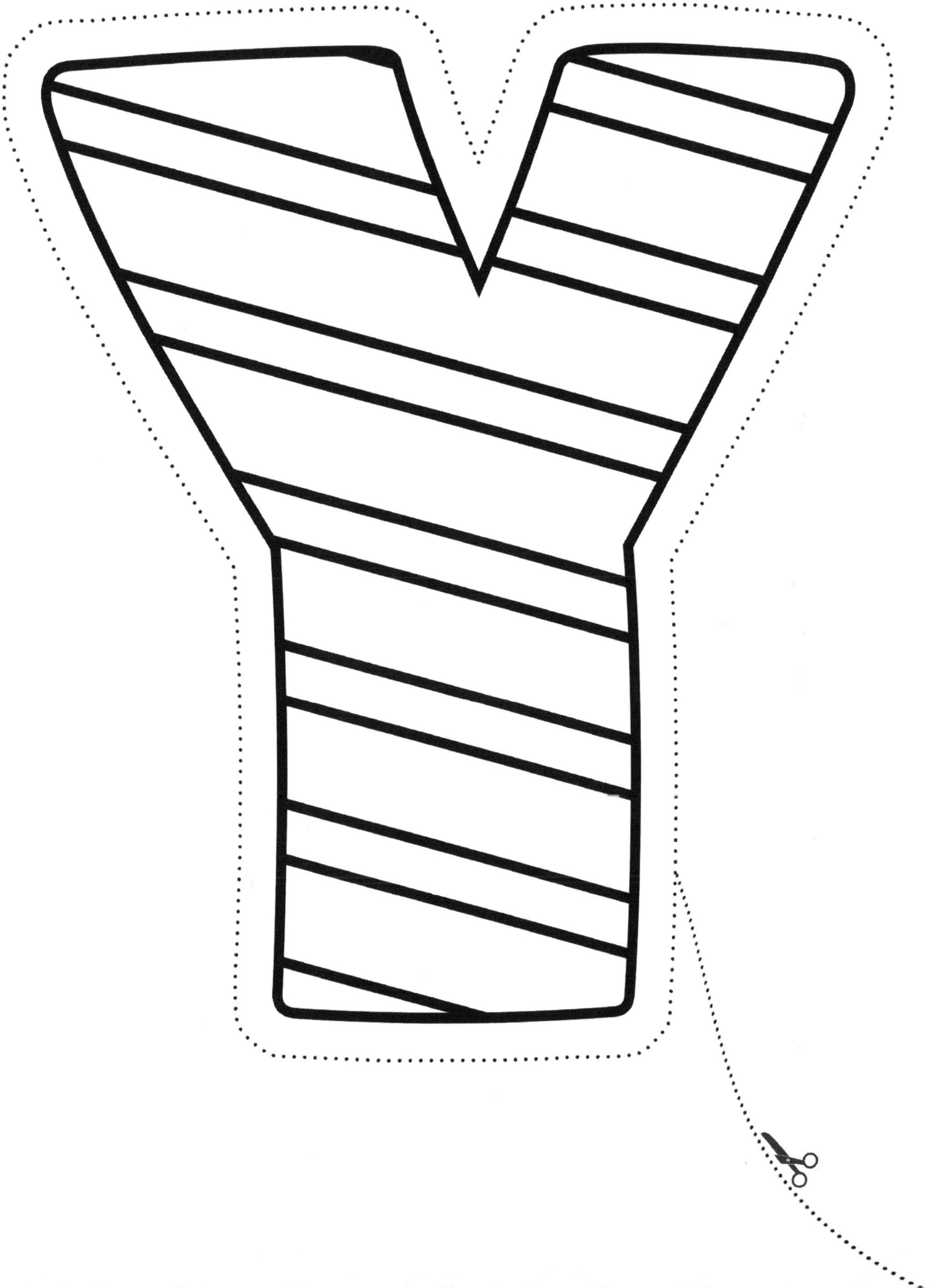

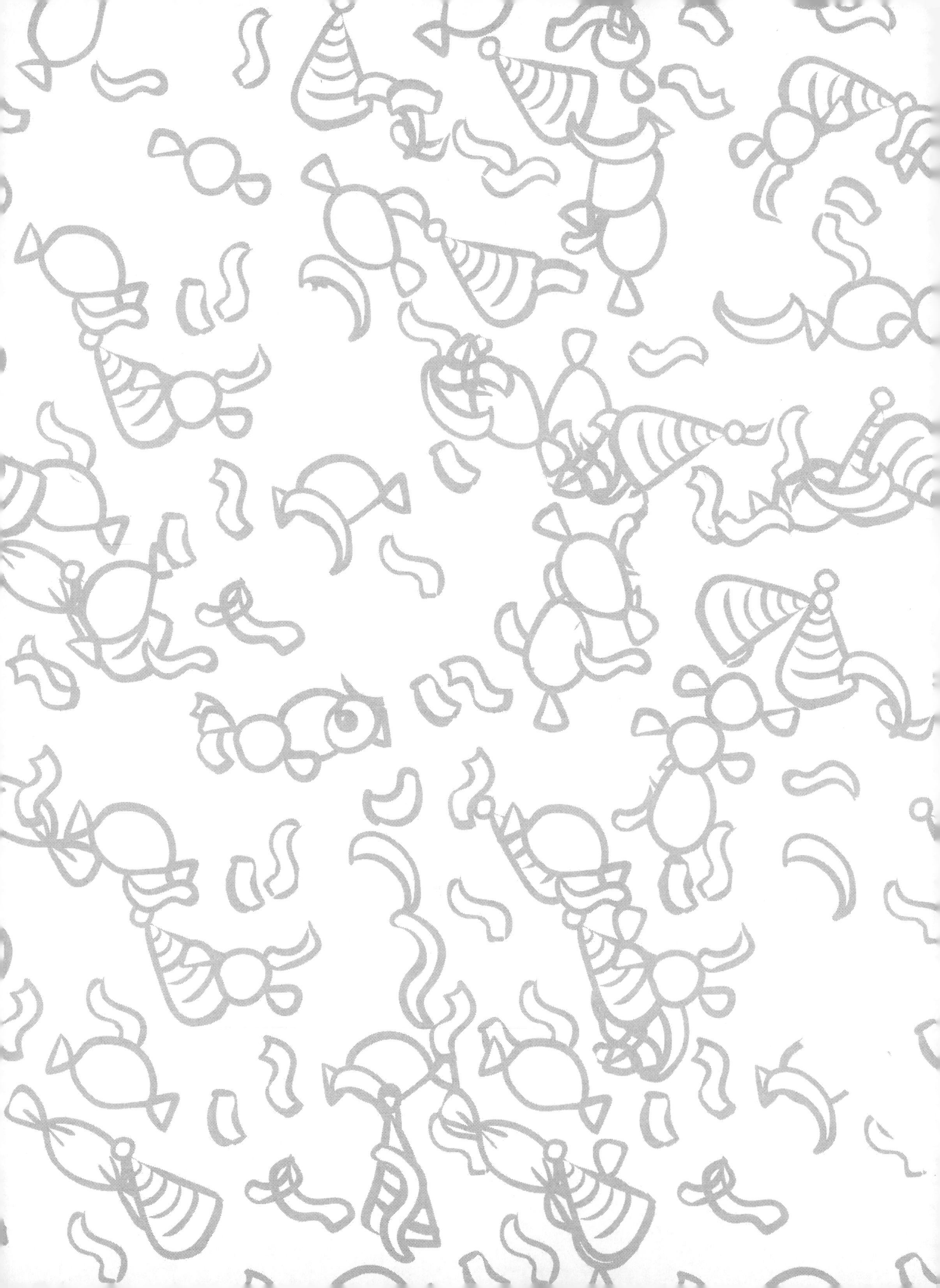

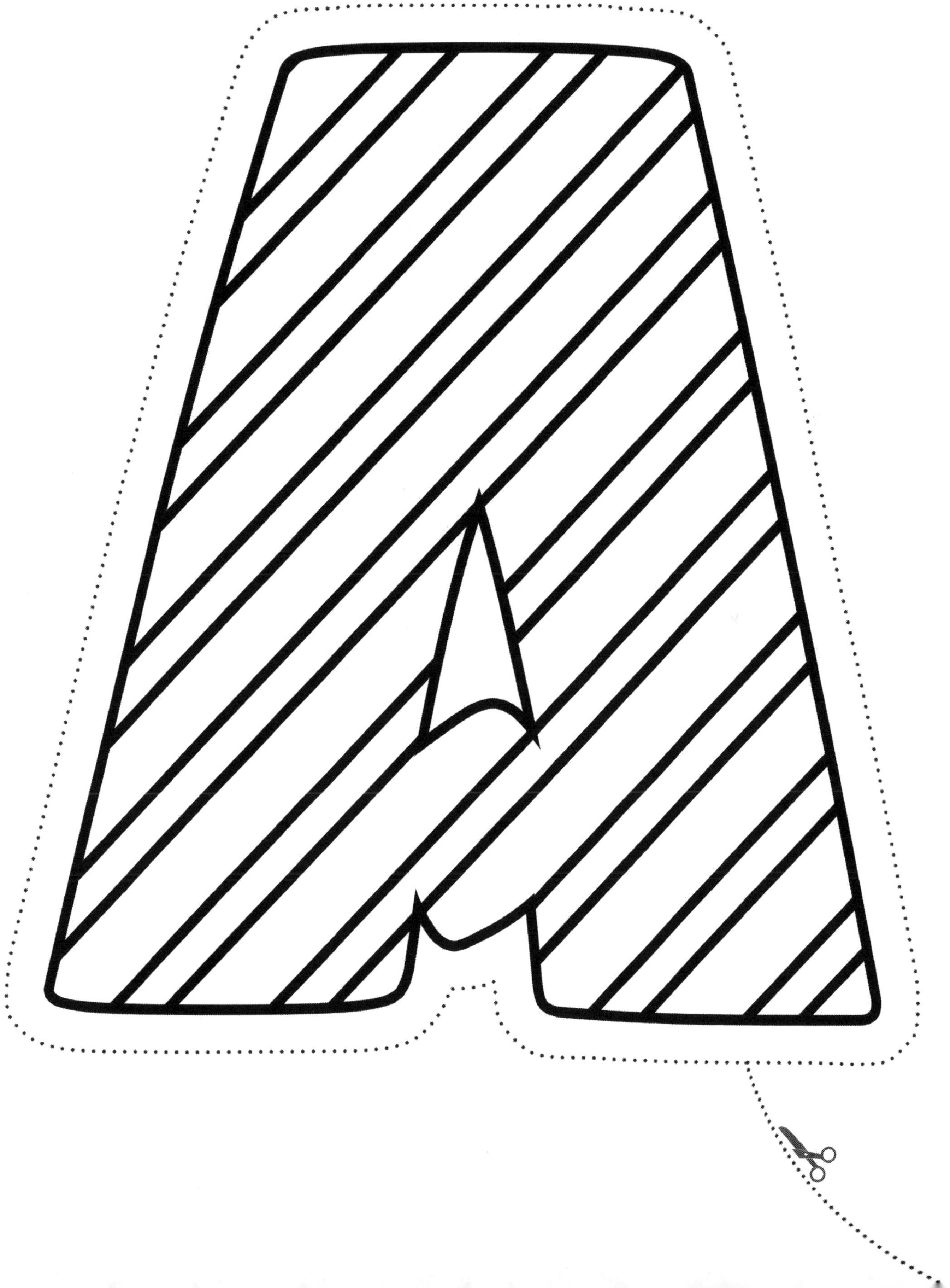

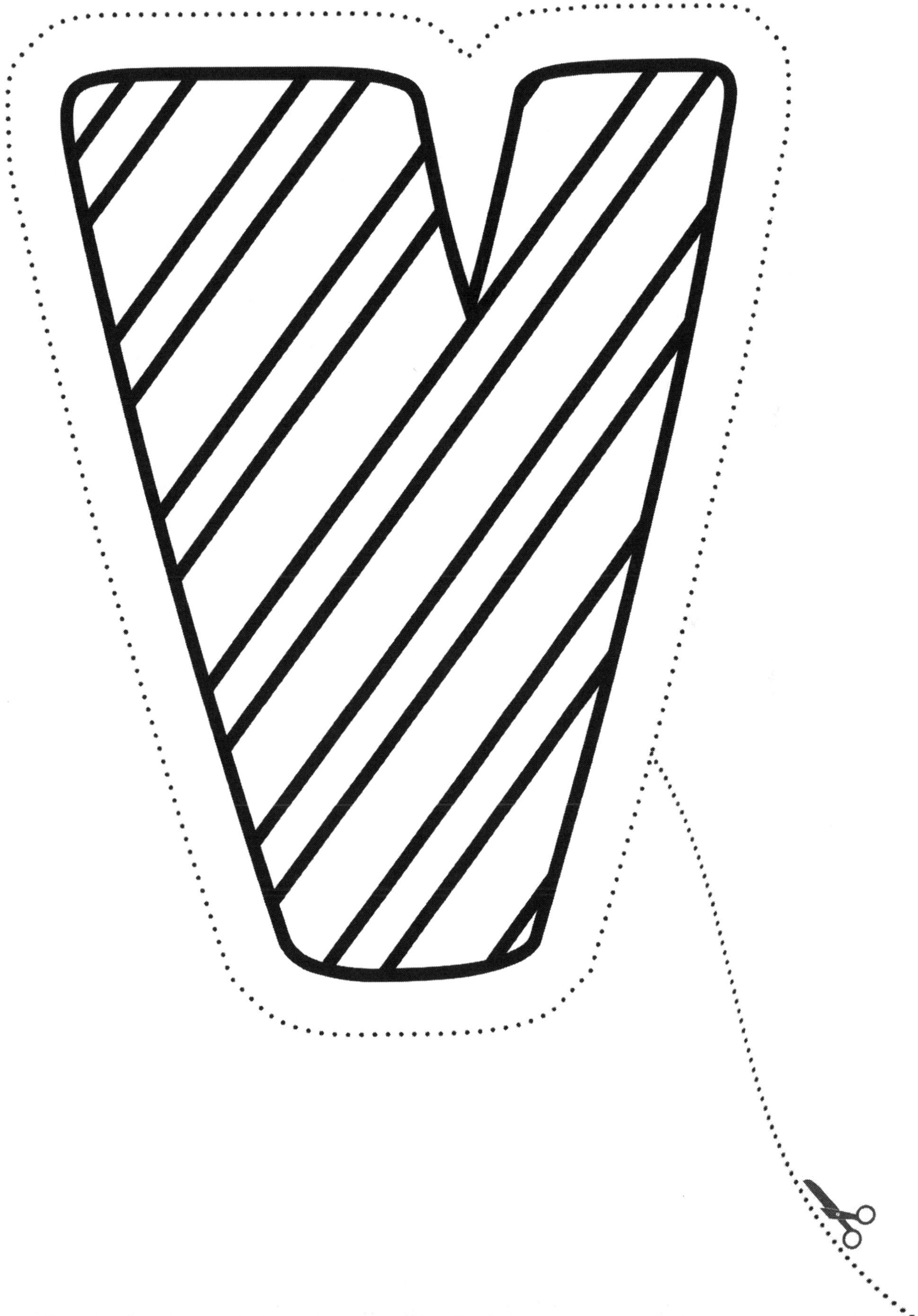

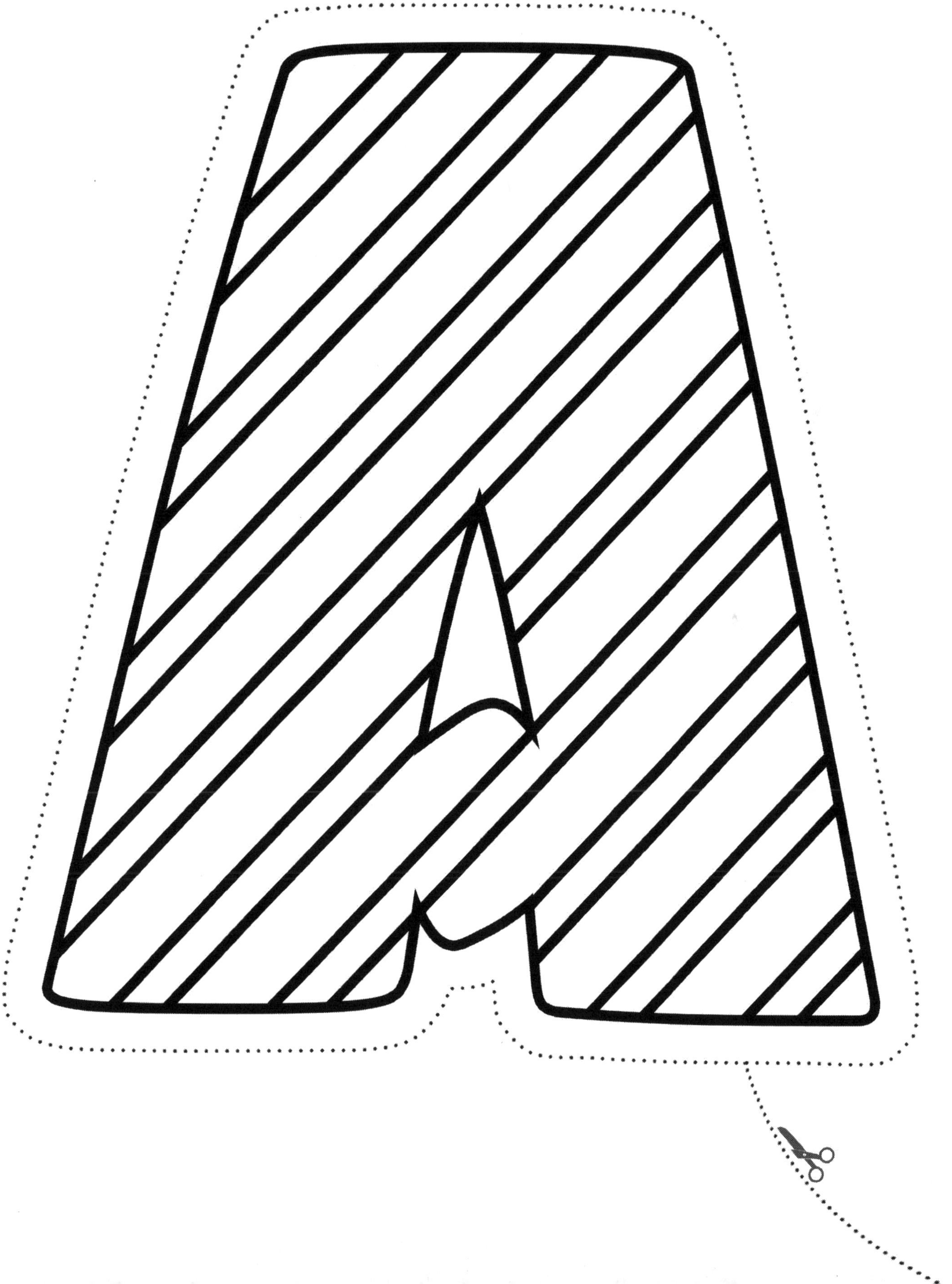